Histoire de l'art et des styles

DU MÊME AUTEUR

L'amour couronné, Librio n° 531
Les rois de France, Librio n° 650

Patrick Weber

Histoire de l'art et des styles

Architecture, peinture, sculpture,
de l'Antiquité à nos jours

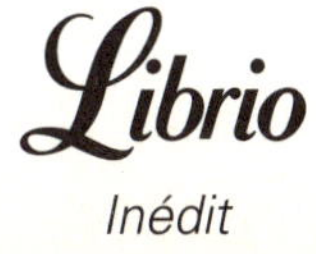

Inédit

Sommaire

Introduction

Comment utiliser cette histoire de l'art et des styles ?

Concevoir une histoire de l'art revient à se plonger dans l'histoire des hommes. En effet, chaque mouvement artistique rencontre une époque, une ère géographique, un contexte économique, un environnement philosophique, politique ou spirituel bien particulier.

Dans son format réduit, cet ouvrage ne prétend pas dresser un tableau complet de l'histoire de l'art occidental depuis l'art grec jusqu'à nos jours. Il n'a d'autre ambition que de rappeler les grands repères qui ont jalonné l'aventure de l'art au cours des siècles, de la naissance de l'art grec à l'éclatement des styles propre au vingtième siècle.

La présentation de cette succession de courants artistiques est organisée de manière chronologique.

Pour mieux utiliser ce guide, voici un mode d'emploi :

Chaque chapitre comporte :

- **Le nom du courant**

Il s'agit du nom communément admis pour désigner le courant artistique en question. Certains courants se divisent parfois en différentes périodes possédant chacune ses spécificités.

- **La période**

Les dates mentionnées sont celles qui sont généralement admises pour fournir des bornes au développement du courant artistique. Elles sont parfois retenues pour leur portée symbolique (comme 1453 pour le début de la Renaissance) ou donnent une idée indicative d'une période (comme dans le cas de l'Antiquité).

- **Le contexte dans lequel s'est développé le courant artistique**

De manière synthétique, il s'agit de la description du cadre historique et de l'esprit du courant artistique.

- **Les caractéristiques des principales formes artistiques pour le style étudié (exemples : architecture, sculpture, peinture, arts décoratifs...)**

Selon les courants artistiques, certaines formes d'expression sont privilégiées tandis que d'autres sont parfois inexistantes. À d'autres périodes de l'histoire de l'art, le style se manifeste dans tous les domaines de l'art.

- **Des artistes qui ont marqué le courant artistique de leur empreinte**

Au fil de l'histoire de l'art, le statut de l'artiste s'est précisé et s'est affirmé. Nous avons introduit des noms d'artistes dès que ceux-ci ont été connus et par conséquent, reconnus.

• **Un choix d'œuvres illustrant le style étudié**

Ce choix subjectif illustre une sélection d'œuvres à étudier pour mieux comprendre le courant artistique en question.

À noter :

Cette histoire de l'art est complétée par des hors-texte et des encadrés présentant des repères sur des notions essentielles de vocabulaire artistique (types de voûtes, différents ordres etc.). Ceux-ci dépassent le cadre d'un courant artistique donné et valent parfois pour des périodes beaucoup plus longues.

ANTIQUITÉ

Art grec

Art cycladique
Vers 2500 avant J.-C.

Le terme « art cycladique » désigne la plus ancienne manifestation de l'art grec. À l'âge du bronze ancien, les Cyclades produisent nombre de pièces de bronze, de terre cuite ou de pierre.

Sculpture. Les témoins artistiques les plus connus de l'époque cycladique sont les « idoles » cycladiques de marbre. Leur stylisation et l'économie de moyens mis en œuvre par les artistes ne sont pas sans rappeler les recherches de l'art moderne. Derrière leur apparente simplicité se dessine une recherche de proportion et d'équilibre.

Alors que les plus anciennes statuettes présentent un aspect assez naturaliste, les plus récentes (vers 2500 avant J.-C.) répondent à un schéma géométrique très prononcé. Le visage est réduit à sa plus simple expression et se détermine grâce à la nervure axiale du nez.

Il est impossible de déterminer avec précision quelle était leur signification et encore moins leur rôle profane ou sacré. Néanmoins, de nombreuses interprétations de spécialistes insistent sur le rôle qu'elles auraient pu jouer lors de rites liés à la fécondité.

Œuvre :

Idole cycladique : l'œuvre en marbre obéit à une stylisation extrême.

Art crétois
Premiers palais : 2000-1700 avant J.-C. / seconds palais : 1700-1400 avant J.-C.

• *Premiers palais*

Vers 1800 avant J.-C., la Crète est devenue une importante puissance régionale. Cette ère correspond à celle que les historiens de l'art désignent sous le nom de période des « premiers palais ».

Architecture. Ces palais sont des demeures dont les pièces s'articulent autour d'une cour rectangulaire qui en constitue le centre organique.

Céramique. Elle se distingue par l'utilisation du blanc, de l'orangé et du lie-de-vin. Les potiers atteignent une telle maîtrise que l'on parle de vases « coquille d'œuf » pour désigner la minceur extrême des parois. Les motifs se distinguent par leur schématisation ornementale.

Œuvres :

– ***Le pendentif aux abeilles de Mallia*** (1800-1700 avant J.-C.) : objet d'or, les deux insectes sont face à face. Leurs têtes et leurs abdomens se touchent.

– Le disque de Phaistos (vers 1700 avant J.-C.) : disque de terre cuite dont les caractères ont été imprimés et non gravés.

• *Seconds palais*

Une catastrophe sismique est probablement à l'origine de la destruction brutale des premiers palais.

Architecture. Les seconds palais sont reconstruits sur les mêmes sites. Même si leur dimension est plus imposante, leur plan répond aux mêmes schémas que leurs devanciers (plan quadrangulaire en quartiers répartis autour d'une cour).

Peinture. La décoration des palais est chatoyante et laisse la part belle aux fresques parées de coloris éclatants. L'art de cette période est empreint de joie de vivre et de spontanéité. Parmi les motifs les plus répandus, les scènes de tauromachie sont particulièrement prisées.

Céramique. Elle se fait plus naturaliste. Les poulpes et d'autres motifs marins figurent parmi les ornements les plus prisés. Des statuettes de terre cuite témoignent des relations commerciales avec l'Égypte.

Œuvres :

– *Le palais de Cnossos* (vers 1700 avant J.-C.) : profondément restauré par Evans, le palais obéit à la structure minoenne.

– *Le prince aux fleurs de lys* (vers 1500 avant J.-C.) : les peintures des palais sont empreintes d'élégance et de spontanéité.

Art mycénien
1630-1200 avant J.-C.

La chute de la civilisation minoenne correspond à l'émergence de la civilisation mycénienne qui impose sa suprématie sur la mer Égée.

Architecture. Contrairement à la civilisation minoenne qui privilégiait les espaces ouverts et un art empreint de joie de vivre, l'art mycénien se caractérise par son aspect massif et militaire. D'imposantes citadelles fortifiées sont édifiées et témoignent du souci de défense des bâtisseurs. L'appareil est qualifié de cyclopéen. Les palais de plus petite dimension répondent au schéma du mégaron, la grande salle centrale autour de laquelle s'articule l'architecture.

Orfèvrerie. Les objets de l'époque sont souvent rudimentaires. Les masques de métal posés sur les visages des défunts figurent parmi les œuvres les plus remarquables. De très nombreux bijoux accompagnaient aussi les sépultures féminines.

Peinture. Elle explore de nouveaux thèmes comme la guerre et la chasse.

Céramique. Elle s'inspire de l'art crétois et use de motifs végétaux et marins.

Œuvres :

– ***Le masque d'Agamemnon*** (vers 1600-1500 avant J.-C.) : les yeux sont à la fois ouverts et fermés, témoins du passage de la vie à la mort.

– ***La porte des lionnes*** : les deux félins marquent l'entrée du palais, ils se dressent de part et d'autre d'une colonne.

Art archaïque
VIe siècle avant J.-C.

Le qualificatif d'art grec correspond à une évolution qui témoigne d'un goût pour la sculpture de pierre, l'emploi des nombres pairs en architecture et une prédilection pour la représentation de la figure humaine.

Sculpture. La statuaire de l'époque archaïque se caractérise par deux types sculpturaux abondamment reproduits : le kouros et la korè (jeune homme et jeune femme). Ces figures empreintes de simplicité observent les lois de la proportion et de la symétrie. À l'image de la statuaire égyptienne, les figures archaïques adoptent des pauses qualifiées de « hiératiques ». L'aspect figé des statues est encore accentué par la marque symbolique des détails anatomiques. Les bras restent liés au corps tandis que les jambes se séparent petit à petit du bloc fondateur. Le sourire (qualifié de sourire archaïque) est également caractéristique du style.

Vers 500 avant J.-C., les kouroi se libèrent de ces canons figés et acquièrent davantage de mouvement. Progressivement, la figure sculptée s'affranchit des exigences du bloc minéral. Cette évolution annonce le développement de la sculpture au cours des siècles suivants.

Architecture. Le temple répond à une structure simple. Il est constitué d'un mégaron (salle principale et centrale) précédé d'un porche. Par la suite, l'édifice sacré évoluera vers un schéma plus complexe : le naos (le sanctuaire), trois nefs, un pronaos (vestibule) et de l'autre côté, un opisthodome (partie arrière du temple). Par goût de la symétrie, le nombre de colonnes à l'avant et à l'arrière du temple est égal.

C'est au VIe siècle que se codifient les deux grands ordres : l'**ordre dorique** (en Grèce continentale) et l'**ordre ionique** (dans les îles et en Asie Mineure).

Les principaux temples de la deuxième moitié du VIe siècle se trouvent surtout en Grande Grèce (sud de l'Italie et Sicile), à Paestum et à Sélinonte.

ORDRE DORIQUE

Les colonnes sont massives et trapues. Leur structure simple évoque les modèles de bois dont ils sont naturellement issus.

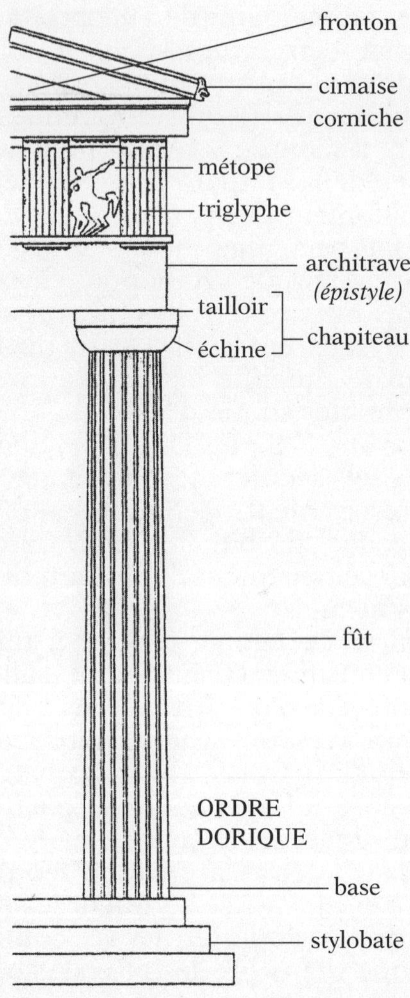

Ordre ionique

L'ordre ionique se distingue par une préoccupation de l'esthétique. Les colonnes sont plus élancées que dans l'ordre dorique.

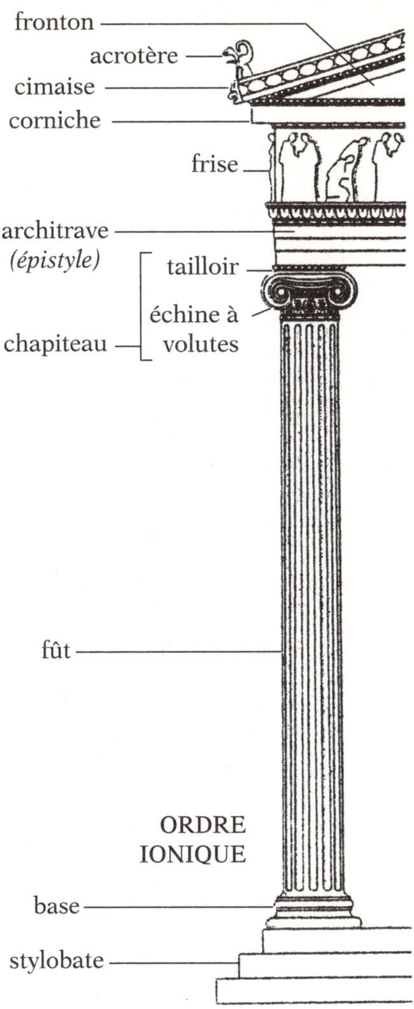

Céramique. Sur les parois des vases sont représentées des scènes avec des hommes et des animaux. Il s'agit à la fois de légendes et de motifs de la vie quotidienne.

Œuvres :

– ***Le temple d'Héra à Olympie*** (vers 600 avant J.-C.) : c'est le type canonique du temple dorique.

– ***Le cavalier Rampin*** (vers 550 avant J.-C.) : la tête témoigne de la volonté d'élégance des artistes de l'époque.

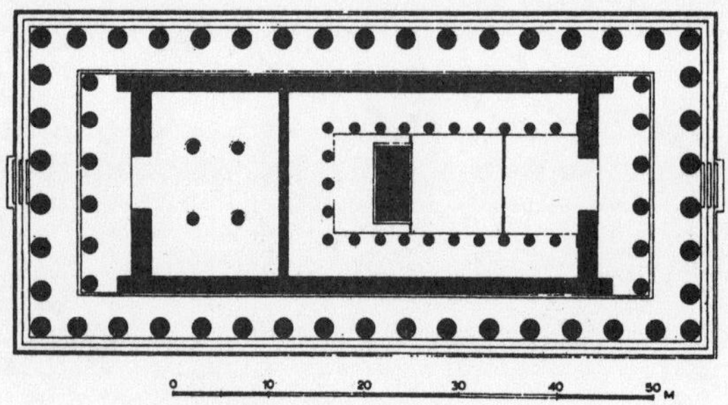

LE PARTHÉNON 447-438
(D'APRÈS TRAVLOS)

Art classique
IVe et Ve siècles avant J.-C. [1]

Le classicisme grec est dominé par l'hégémonie d'Athènes et s'achève avec la mort d'Alexandre.

1. On distingue deux classicismes :
   – Le premier classicisme (Ve siècle)
   – Le second classicisme (IVe siècle)

Architecture.

• Premier classicisme. Dès 447 avant J.-C. débute la construction du Parthénon à Athènes. On a coutume de dire que l'œuvre marque l'apogée du premier classicisme. L'ordre dorique rencontre des éléments ioniques et propose un modèle original d'architecture.

• Le second classicisme marquera une continuité formelle mais aussi une volonté de créer des réalisations moins ambitieuses et parfois plus subtiles. Il faut également noter l'apparition de l'ordre corinthien et l'émergence d'une nouvelle tendance qui incline à un mélange de plus en plus manifeste des ordres. En construction, le marbre est posé sans mortier. Le théâtre apparaît comme une des créations les plus remarquables de cette époque. Les architectes y prirent en compte à la fois le confort individuel, l'égalité des spectateurs et des préoccupations techniques liées à l'acoustique.

Sculpture.

• Premier classicisme. Les figures se sont définitivement dégagées des schémas archaïques. Le mouvement s'affirme à travers l'expression de torsions qui rompent avec le strict parallélisme de l'art archaïque. Myron, Phidias ou Polyclète figurent parmi les plus grands artistes de leur temps. L'apogée du canon classique – souvent assimilé au canon de Polyclète – consiste à établir les proportions idéales en intégrant sept fois la hauteur de la tête dans la dimension verticale totale du corps.

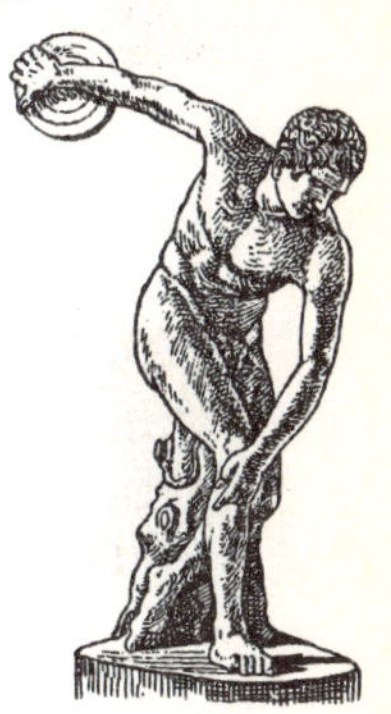

DISCOBOLE. VERS 450 AVANT J.-C.

• Second classicisme. Il se distingue par l'importance accordée au portrait. L'art classique se préoccupe de l'échelle humaine. Il prône un rythme équilibré et veille à respecter l'harmonie des proportions.

Praxitèle s'impose comme l'artiste majeur de son époque. Le sculpteur cherche à rendre la délicatesse des figures, une certaine nonchalance mais aussi un caractère instable lié à leur pause. L'art se fait instant. Il atteint une forme de perfection formelle où la figure apparaît parfois comme témoin de son propre monde.

Artistes :

Praxitèle, Phidias, Myron, Lysippe, Polyclète

Œuvres :

• Premier classicisme

– ***Le Discobole*** de Myron (vers 450 avant J.-C.) : l'œuvre opère la synthèse de plusieurs mouvements.

– ***La Frise du Parthénon*** de Phidias (vers 447 avant J.-C.) : sur un bandeau de 160 mètres se déroule la cérémonie des Panathénées, une fête au cours de laquelle le peuple d'Athènes venait rendre hommage à sa déesse Athena. L'œuvre mêle l'ambition politique de Périclès et le savoir-faire de Phidias. L'expression des visages est grave, témoignant de la solennité de la scène. Elle contraste avec le mouvement des chevaux qui paraissent inquiets au milieu d'une pareille agitation.

• Second classicisme

– ***L'Aphrodite de Cnide*** (vers 350 avant J.-C.) : considérée comme le chef-d'œuvre de Praxitèle, nous n'en possédons pourtant que des copies. Pour la première fois, la déesse se révèle dans sa nudité.

Art hellénistique
IIIe-Ier siècle avant J.-C.

La période hellénistique voit le déplacement des centres de création de la Grèce continentale vers les royaumes orientaux. À cette époque, s'affirme la richesse de villes comme Délos, Pergame, Milet ou Alexandrie.

Longtemps, les historiens de l'art ont considéré cette période comme une décadence de l'art classique. Aujourd'hui, la perception a changé et l'accent est porté sur l'enrichissement du vocabulaire formel.

CHAPITEAU CORINTHIEN

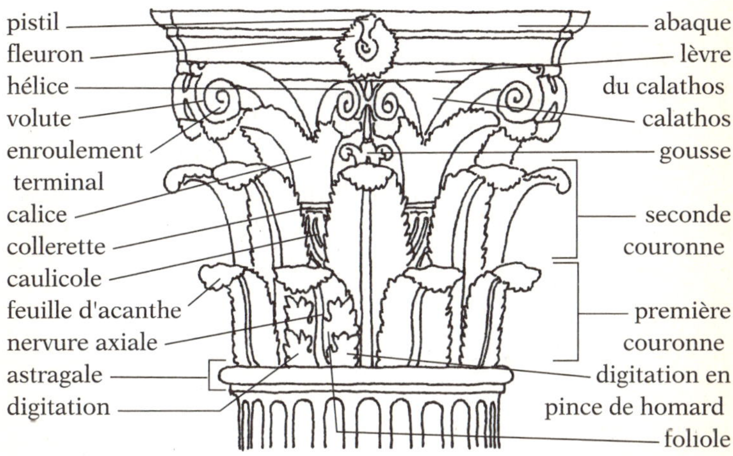

Architecture. L'architecture civile de pierres (théâtres, portiques, etc.) est au cœur des préoccupations artistiques et urbanistiques. Le portique caractérise le style hellénistique. Les perspectives s'enchaînent jusqu'à susciter un aspect ludique ou somptueux.

Peinture. La période hellénistique met l'accent sur le réalisme optique, la liberté des couleurs et le rendu de l'espace.

Sculpture. L'élément le plus visible de l'évolution de la sculpture est son aspect monumental. Parallèlement se développe une tendance expressionniste. Les scènes de genre inspirent les artistes qui étudient des sujets comme les corps d'enfants ou encore la statuaire féminine.

La notion de frontalité cède le pas à une conception plus complexe où la statue s'appréhende sous tous les angles.

Le goût pour l'apparat et le faste s'affirme tandis que le souci décoratif s'affirme toujours plus.

Œuvres :

– ***La ville de Pergame*** : la cité d'Asie Mineure adapte son architecture aux lignes du terrain et obtient de cette manière des effets grandioses.

– ***Le Laocoon*** (Ier siècle avant J.-C.) : l'aspect surchargé du groupe qui présente le prêtre troyen Laocoon n'enlève rien à la connaissance du corps humain.

– ***La Victoire de Samothrace*** (vers 190 avant J.-C.) : elle se dressait sur la proue en marbre d'un navire. La figure impose une conception monumentale qui marquera durablement l'histoire de la statuaire en plein air.

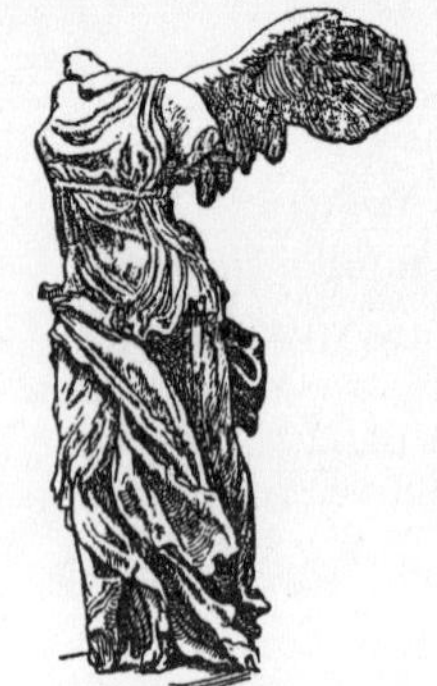

La Victoire de Samothrace

Art romain

Art étrusque
VIIe-Ve siècle avant J.-C. [1]

L'art étrusque se distingue par des influences orientales et issues de la Grèce archaïque. Le style décoratif est à la fois allègre et spontané.

Architecture. La civilisation étrusque a apporté un soin particulier à l'architecture funéraire. La forme du tumulus évoque à la fois l'architecture religieuse et civile. L'architecture étrusque a également recours à l'arc et à la voûte. Les temples sont trapus, mais comme ils étaient conçus en brique et en bois, ils ont aujourd'hui disparu.

Sculpture. Le réalisme s'impose dans une statuaire essentiellement funéraire qui nous éclaire sur le mode de vie des Étrusques. Les figures sont en bronze et en terre cuite. Parmi les témoins les plus renommés apparaissent les sarcophages en terre cuite. Ils sont en forme de gisants à demi allongés.

---

1. Le début de la fin de l'art étrusque correspond à la chute des Tarquins (– 509) mais il se maintient puis se fond dans l'art romain.

Les personnages arborent le sourire typique de la statuaire étrusque. Les poses sont à la fois intimes et empreintes de douceur.

Orfèvrerie. La technique de la granulation se développe.

Les miroirs sculptés figurent parmi les spécificités étrusques.

Peinture. Les fresques des tombes traduisent leur origine grecque. La représentation de la nature évoque la joie et l'homme fait partie intégrante de ce décor. Le thème du banquet funéraire est abondamment reproduit. Les représentations ne sont pas dénuées de fantaisie ni d'accents pittoresques.

Œuvres :

– ***Le sarcophage des époux de Cerveteri*** (vers 530-510 avant J.-C.) : l'expression de douceur et d'intimité est soulignée par le sourire des deux époux allongés.

– ***La louve en bronze du Musée du Capitole*** (Ve siècle avant J.-C.) : elle mêle une grande fraîcheur d'exécution et une grande force d'expression. Les enfants ont été refaits à la Renaissance.

Art romain de la République et de l'Empire

L'art romain intègre les influences étrusques et grecques. Il les met cependant au service d'exigences propres à la réalité de la civilisation romaine.

• *République*
509-31 avant J.-C.

Architecture. L'architecture romaine de l'époque républicaine se distingue par la technique du blocage. Témoin des préoccupations politiques de la civilisation romaine, la ville est au cœur de l'urbanisme.

Parmi les bâtiments les plus caractéristiques de l'époque, citons la basilique (salle de réunions commerciales, judiciaires et politiques), les thermes, le théâtre, la domus (maison), le temple ou encore l'arc de triomphe. Le forum incarne parfaitement le programme urbanistique romain.

Sculpture. L'importance du portrait se confirme tandis que la volonté de personnalisation s'affirme. Ces préoccupations étaient déjà présentes dans l'art grec et plus tard dans l'art étrusque. Le modèle le plus courant est le « togatus », une effigie sévère revêtue de sa toge et qui s'impose partout dans la République (programme artistique de propagande). Le goût du réalisme s'impose.

Peinture. La peinture évolue selon différents styles. Elle imite les plaques de marbre avant d'adopter la technique du trompe-l'œil.

Œuvres :

– *Pompéi* : la ville détruite en 79 après J.-C. représente le meilleur exemple d'architecture romaine qui soit parvenu jusqu'à nous.

– *Le théâtre de Marcellus* (achevé en 13 avant J.-C.) : chez les Grecs, le théâtre est une architecture de gradins. Les Romains en font un édifice à part entière.

– *Les portraits de César* : la préoccupation du portrait est au cœur d'un art qui sert également les desseins politiques de ses promoteurs.

• *Empire*
31 avant J.-C. - IVe siècle après J.-C.

Architecture. Les dimensions colossales sont mises au service d'une volonté urbanistique qui répond à des exigences politiques. Les artistes se consacrent à une recherche de la force. Les effets luxueux participent de la même volonté mais ils ne se font jamais au détriment de l'utile. Le caractère pragmatique de l'art romain reste essentiel. L'architecture privée est caractérisée par le développement des insulae (habitations en appartements) qui n'arrivent pas à endiguer les problèmes de surpopulation à Rome.

Sculpture. L'importance du portrait répond également aux exigences de la propagande sous l'Empire.

Le relief sculpté s'affirme comme une spécificité romaine. Parmi les formes d'expression privilégiées, citons la peinture et la mosaïque. La sculpture évolue d'un style réaliste vers des préoccupations plus expressionnistes.

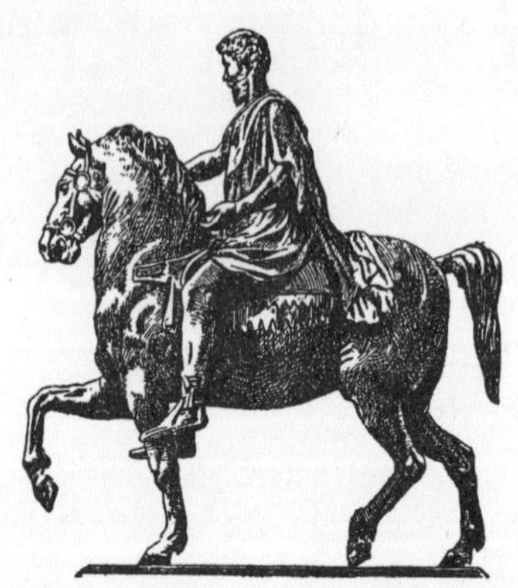

STATUE ÉQUESTRE DE MARC-AURÈLE,
UN EXEMPLE DE LA STATUAIRE ROMAINE IMPÉRIALE

Peinture. Elle évolue vers un style ornemental qui mêle des grands panneaux de fond à des petits tableaux. Cette évolution se fera plus complexe en mêlant progressivement les styles précédents.

Œuvres :

– *L'Ara Pacis* (13-9 avant J.-C.) : il commémore la paix après les campagnes en Gaule et en Espagne. C'est un autel monumental.

– *L'Arc de Titus* (vers 81) : il offre des éléments composites. Il s'agit d'un arc à baie unique entre deux pylônes.

– *La colonne Trajane* (vers 113) : elle constitue un parfait exemple du relief historique (campagne contre les Daces).

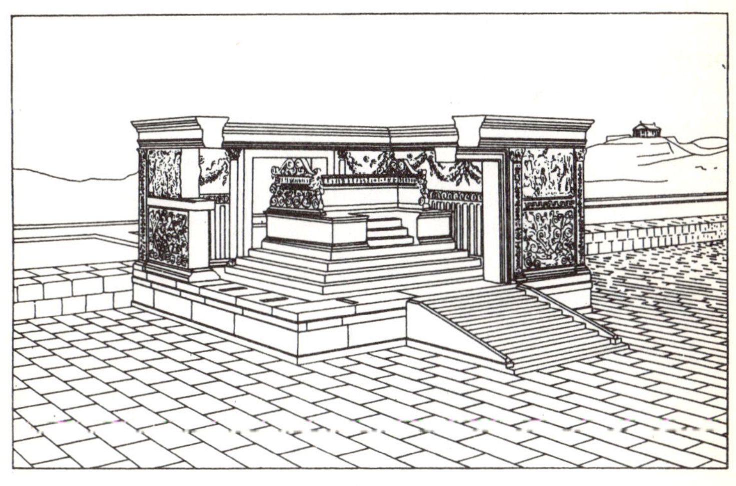

ARA PACIS

– Le Colisée (vers 70-80) : l'amphithéâtre correspond au schéma de deux théâtres accolés. Il était destiné aux jeux du Cirque. La superposition des trois ordres est typique de l'art romain.

– Le Panthéon (vers 125) : ce temple dédié à l'origine à plusieurs dieux doit son exceptionnelle conservation au fait d'avoir été transformé en église.

MOYEN ÂGE

Art paléochrétien et art byzantin

aube du IIIe siècle - 1453
(se prolonge en Russie)

Le goût pour les images est à l'origine du premier art chrétien. De la persécution à la lumière, entre Occident et Orient, l'art paléochrétien affirme son originalité. L'iconographie, empruntée à Rome, est porteuse d'une symbolique forte.

Architecture. Le plan basilical ou plan centré domine. Le plan en croix grecque (bras de même longueur) représente la solution formelle byzantine par excellence.

Les coupoles sur pendentifs sont également remarquables pour des édifices qui présentent une belle homogénéité intérieure et extérieure. La brique constitue le matériau de prédilection.

Sculpture. L'art du relief ornemental s'affirme tandis que les dentelles de pierre se font de plus en plus fines.

L'opposition des couleurs ainsi que le dialogue des pleins et des creux caractérisent les goûts de l'époque.

Mosaïques. Elles constituent l'essentiel de la technique ornementale dans les églises. Les attitudes des personnages sont hiératiques et les fonds dorés accroissent encore cette dimension divine. Le goût du faste et des couleurs se retrouve aussi dans la peinture d'icônes.

Parmi les arts décoratifs, citons encore l'importance de l'ivoire, des émaux ou de la soie.

Œuvres :

– *Les mosaïques de Saint-Vital à Ravenne* (vers 527-548) : les deux mosaïques représentent l'empereur Justinien et l'impératrice Théodora.

– *La basilique Sainte-Sophie à Constantinople* (532-537) : c'est le premier exemple de basilique à coupole.

Art carolingien
IXe siècle

L'époque carolingienne correspond à la réaffirmation d'un pouvoir central fort et est à la base d'une renaissance des arts.

Architecture. Le retour aux formes de l'Antiquité passe en architecture par l'affirmation du plan centré et basilical (comportant deux chevets symétriques). Les nefs se couvrent de charpentes. Les monastères jouent un rôle de premier plan dans la propagation du savoir et des arts.

Arts décoratifs. Les arts du manuscrit et la richesse de l'orfèvrerie s'imposent. L'orfèvrerie emprunte ses thèmes à l'Antiquité gréco-romaine et a recours à des matériaux précieux.

Art ottonien

L'art ottonien se développe dans le Saint Empire romain germanique. Il se place clairement au service de l'Empire et du prestige du souverain. L'inspiration est puisée dans l'art carolingien et l'art byzantin, notamment pour les arts décoratifs.

Œuvre :

– ***La chapelle Palatine d'Aix-la-Chapelle*** (796-805) : vers 800, l'édifice polygonal à plan centré est doublé d'un déambulatoire coudé seize fois.

Bossages

(saillie laissée à la surface d'un moellon comme ornement d'un mur)

Bossage en boule : parement taillé en demi-sphère.
Bossage en pointe de diamant : parement taillé en pyramide.
Bossage rustique : le parement n'est qu'ébauché, laissé rugueux, en saillie.

Appareils
(agencement des pierres d'une construction)

Appareil alterné : appareil présentant une alternance d'assises régulières de types différents.
Appareil cubique : aussi appelé opus quadratum, comme son nom l'indique, l'appareil est en carrés réguliers.
Appareil en arête de poisson : appareil formé d'éléments posés obliquement de façon que les joints obliques soient d'une assise sur l'autre alternativement dans un sens et dans l'autre.
Appareil en carreaux et boutisses : appareil formé d'éléments alternativement posés en carreau (élément présentant sa plus grande dimension en parement) et en boutisse (élément dont la plus grande dimension est dans l'épaisseur et présente un de ses bouts en parement).
Appareil en damier : éléments groupés de manière quse les joints montants tombent en même aplomb à intervalles réguliers en dessinant un quadrillage.
Appareil en épi : appareil formé d'éléments à tête rectangulaire posés sur l'angle de façon que les joints obliques soient d'une assise sur l'autre, alternativement dans un sens et dans l'autre, joints en zig-zags.
Appareil irrégulier : appareil composé de pierres de dimensions et de formes différentes, irrégulières.
Appareil mixte : appareil formé de matériaux de nature différente.
Appareil réticulé : opus rectilatum, constitué d'éléments à parement carré.
Appareil régulier : appareil composé de pierres de plus ou moins même dimension.
Parpaing : élément traversant toute l'épaisseur de la maçonnerie.

Art roman
Xe siècle - XIIIe siècle

L'art roman s'est développé dans une société à la fois rurale et très religieuse. La réalité politique et la fragmentation territoriale de l'époque expliquent sa diversité.

Architecture. Les foyers de l'art roman se situent dans l'Italie du Nord, le nord de l'Espagne et le sud de la France. Les églises présentent une dimension moyenne et répondent au plan de la croix latine. Elles sont généralement sombres et présentent un aspect massif. Le plan simple de une à trois nefs est terminé par une abside. L'équilibre entre les lignes verticales et horizontales est au cœur des préoccupations des architectes. Les voûtes en berceau scandent le rythme de l'édifice. L'arc en plein cintre, les murs pleins, les baies étroites, les solides contreforts et les piliers robustes témoignent des recherches de l'époque pour garantir la solidité des édifices.

Peinture. Les fresques abondent. Très colorées, elles participent de la décoration des édifices. La peinture des manuscrits développe un style naïf et narratif. Dans tous les supports, la volonté d'occuper l'espace est manifeste.

Sculpture. Les figures sculptées sont souvent décoratives et mettent en évidence les éléments clés de l'architecture. Ici aussi, le rôle de la couleur est primordial. La loi du cadre qui impose à la sculpture un cadre architectural est à l'origine d'une créativité sans cesse renouvelée. En sculpture, l'inspiration du travail des orfèvres est manifeste.

Plan d'une église romane

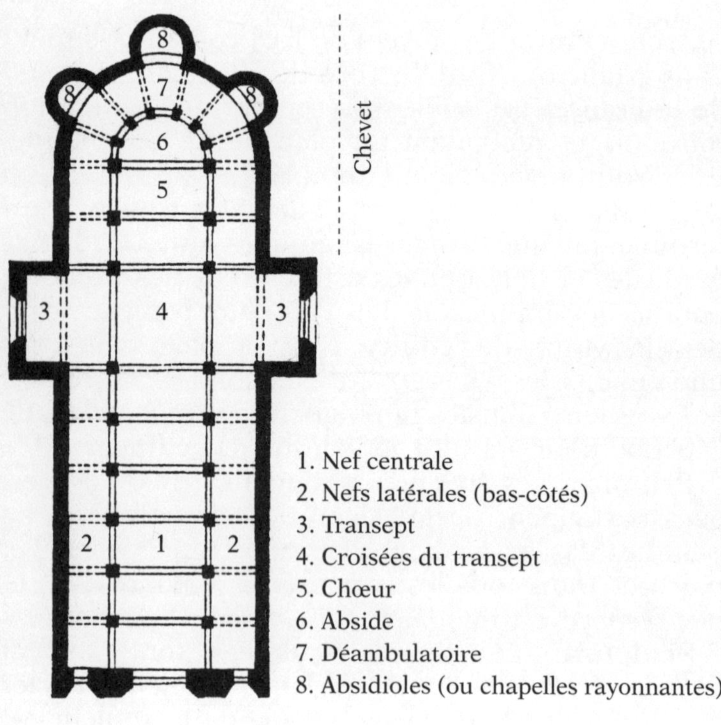

Qu'est-ce qu'un arc ?

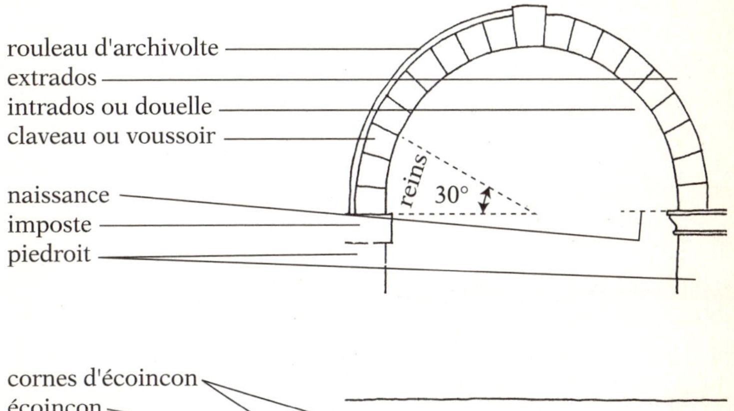

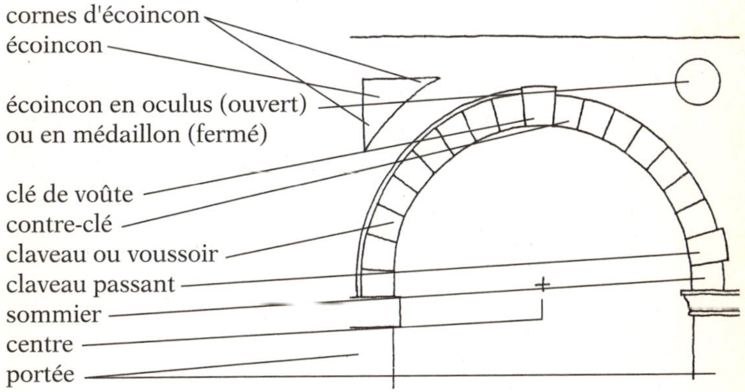

SAVOIR RECONNAÎTRE LES ARCS

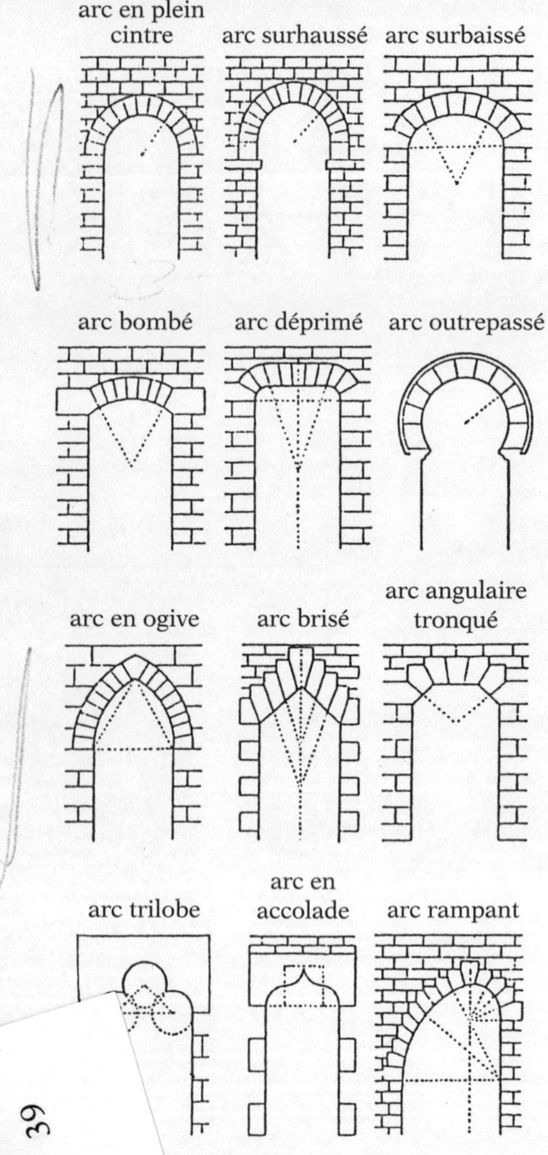

Supports

Colonne : support vertical formé d'un fût dont le plan est un cercle ou un polygone régulier à plus de 4 côtés et généralement d'une base et d'un chapiteau.
Pilastre : membre vertical formé par une faible saillie rectangulaire d'un mur, incorporé au mur.
Pilier : support vertical dont le corps a un plan massé quelconque, à l'exclusion du cercle et du polygone régulier à plus de 4 côtés.

Savoir reconnaître les colonnes

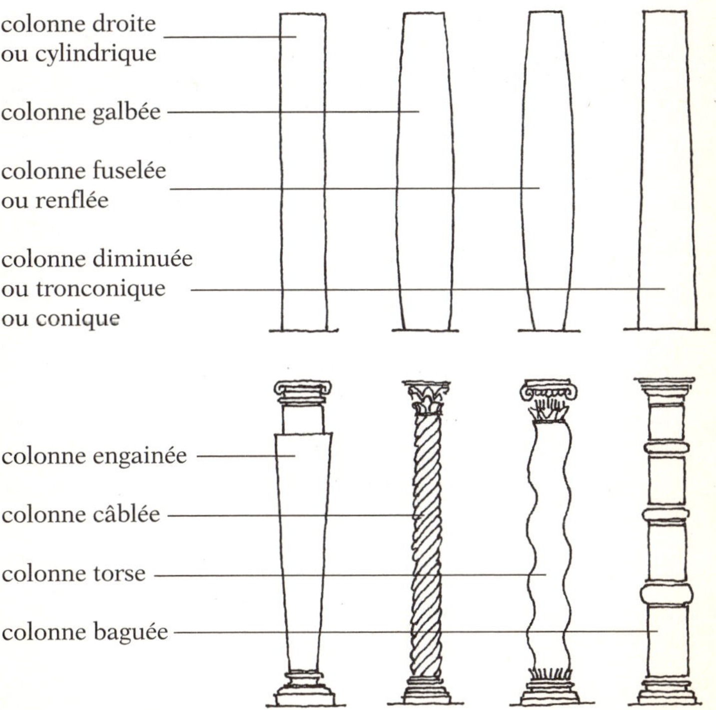

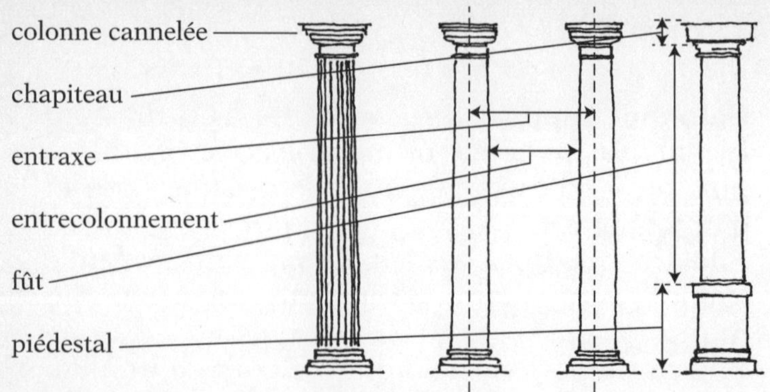

Œuvres :

– ***La tour de Pise*** (1173-1372) : le baptistère, le campanile et l'église sont séparés. Les murs sont décorés de bandes lombardes (succession de festons en saillie placée en haut d'un mur) et de lésènes (bande verticale en faible saillie dépourvue de base ou de chapiteau).

– ***La tapisserie de Bayeux*** (1066-1082) : longue de 70 mètres, elle raconte l'expédition de Guillaume le Conquérant à la manière d'une bande dessinée médiévale.

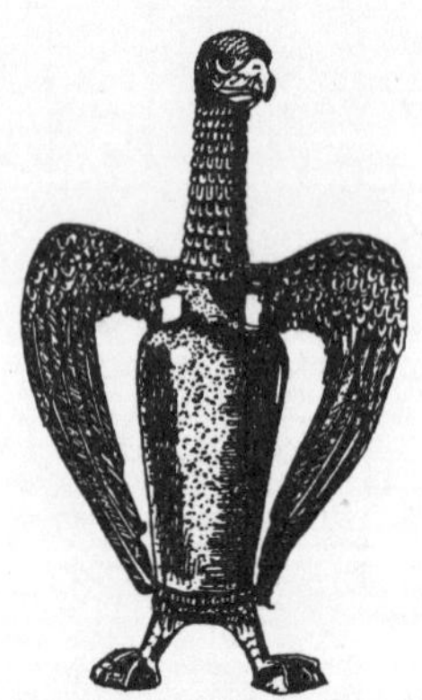

VASE EN FORME D'AIGLE, DONNÉ PAR L'ABBÉ SUGER DE SAINT-DENIS. SAINT-DENIS. VERS 1140.

Art gothique
Milieu du XIIe siècle - milieu du XVIe siècle

- *On distingue différentes périodes :*

Naissance de l'art gothique : 1140-1190
Gothique classique : 1190-1240
Gothique rayonnant : 1230-1350
Gothique flamboyant : 1350-1520

Le mot « gothique » fut inventé à la Renaissance et possédait à l'époque une forte connotation péjorative (les Goths étaient considérés comme des barbares). La région de Paris et du bassin de l'Île-de-France jouent un rôle crucial dans le développement du gothique. Le chœur de la basilique Saint-Denis marque l'origine du style.

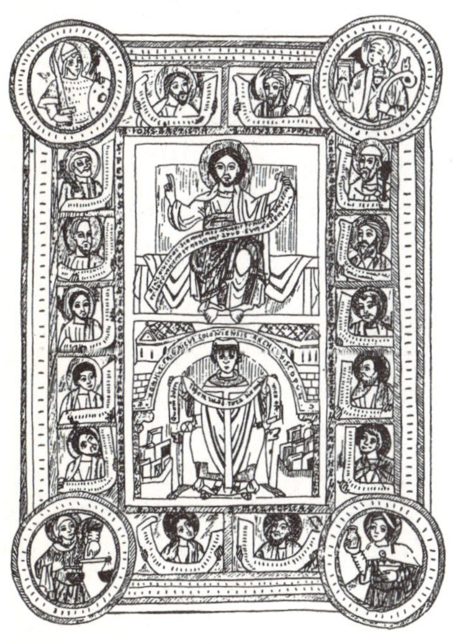

FRONTISPICE D'UN LECTIONNAIRE DE L'ARCHEVÊQUE FRÉDÉRIC DE COLOGNE. COLOGNE, VERS 1120.

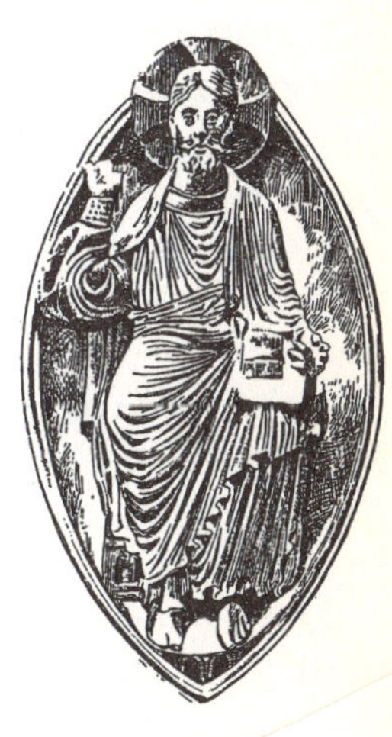

BAS-REL[illegible]
DE [illegible]

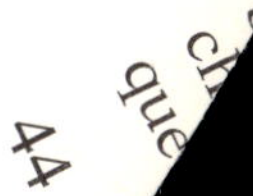

Architecture. Les édifices de la période gothique présentent de plus grandes dimensions. Les églises se font plus éclairées et offrent un aspect élancé. C'est le triomphe des lignes verticales qui fera parler d'élan gothique. Les voûtes d'ogives et les arcs brisés sont typiques de l'évolution architecturale. Les murs sont ajourés et percés de grandes fenêtres. La voûte sur croisée d'ogives est liée à l'utilisation de l'arc brisé. Les voûtes retombent sur de fines colonnettes donnant à l'édifice un aspect de légèreté inédit. L'agrandissement des ouvertures s'effectue en même temps que l'augmentation de l'élévation de l'espace. Le message selon lequel « Dieu est lumière » sous-tend le travail des architectes. Les arcs-boutants garantissent la solidité des édifices tout en leur permettant de partir à la conquête de la hauteur. Au XVe siècle s'impose l'universalité du gothique. On parle dès lors de gothique flamboyant. La verticalité est omniprésente et l'exubérance du décor atteint de nouveaux sommets.

Sculpture. Les figures acquièrent peu à peu leur autonomie. Les « statues colonnes » quittent la structure architecturale pour laquelle elles ont été conçues et acquièrent peu à peu leur autonomie. Progressivement, la sculpture existe en tant qu'art à part entière. Elle emprunte souvent ses motifs à la nature.

Au fil de l'évolution du gothique, la sculpture se fait expressive et perd son caractère architectural. C'est le triomphe de la ronde-bosse. Les penchants expressionnistes sont caractéristiques de l'art germanique.

Arts décoratifs. En perçant de larges espaces pour les fenêtres, le gothique provoque l'essor de l'art du vitrail.

Peinture. Petit à petit, la rigueur de la peinture yzantine s'efface pour laisser la place aux recher- es de profondeur et d'effets de matières. Alors les peintres italiens comme Giotto rendent les expressions des personnages, les primitifs flamands comme Jan Van Eyck jouent avec la transparence et les effets de lumière.

Artistes :

Giotto, Jan Van Eyck, Nicola Pisano, Simone Martini.

Œuvres :

– ***La basilique de Saint-Denis*** : À partir de 1122, l'abbatiale est reconstruite sous l'impulsion de Suger qui prône une architecture nouvelle.

– ***La chapelle Scrovegni à Padoue*** (fresques réalisées vers 1305-1310) : Giotto exprime l'émotion des personnages et rompt avec le formalisme symbolique hérité de l'art byzantin.

– ***La Sainte-Chapelle à Paris*** (1246-1278) : l'ouverture à la lumière s'accompagne d'un affinement extrême des voûtes et piliers.

ÉVOLUTION DE L'ÉLÉVATION DANS LE GOTHIQUE CLASSIQUE

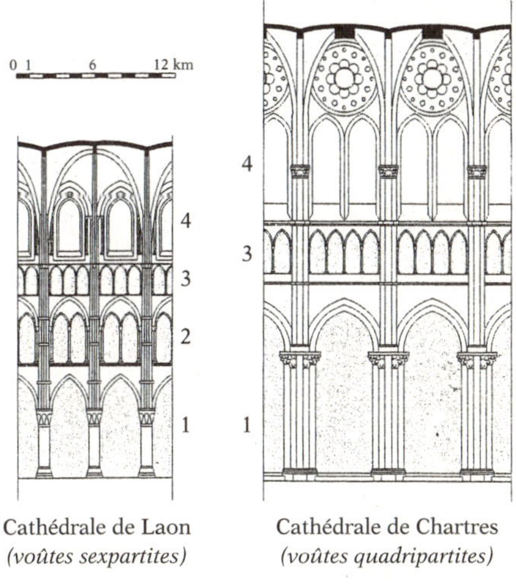

Cathédrale de Laon
(voûtes sexpartites)

Cathédrale de Chartres
(voûtes quadripartites)

1. grandes arcades
2. tribunes
3. triforium
4. fenêtres hautes

Coupe d'une église gothique à trois étages

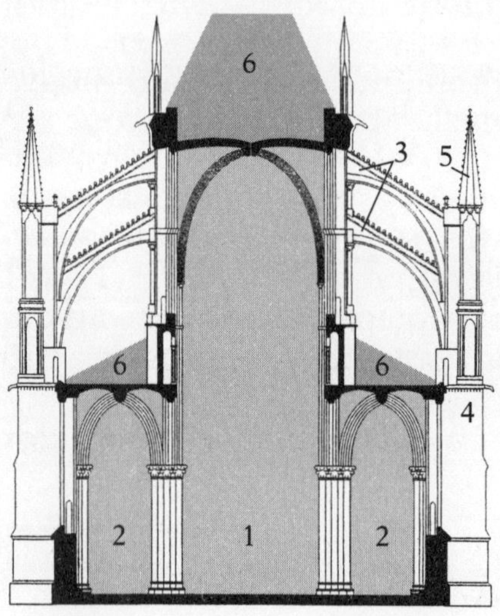

1. nef
2. bas-côté
3. arc-boutant
4. pile ou culée
5. pinacle
6. combles

À noter :

Le plan roman est rectangulaire et de même épaisseur de la base au sommet.

Le plan gothique se distingue par un effilement progressif.

Église
Quelques notions de vocabulaire architectural

Abside : tout espace intérieur de plan cintré ou polygonal s'ouvrant sur une pièce ou sur un vaisseau.

Clocher mur : formé d'un mur percé de baies dans lesquelles sont placées des cloches.

Fenêtres hautes : fenêtres éclairant directement le vaisseau central.

Grande arcade : arcade séparant le vaisseau central des collatéraux.

Parvis : espace ménagé devant l'entrée de certaines églises et délimité par un garde-corps.

Tribunes : galerie haute, sur le bas-côté et de même largeur.

Triforium : coursière placée au-dessus des grandes arcades ou au-dessus des tribunes sur les bas-côtés.

Triforium à claire-voie : triforium dont le mur est remplacé par une claire-voie.

Tour : clocher ou tourelles d'escalier.

Tour clocher : la majorité des clochers sont des tours. Baies munies d'abat-son.

Tour lanterne : tour percée de fenêtres.

Voûtes

(ouvrages de maçonnerie cintrés servant à couvrir un espace en s'appuyant sur des murs)

Calotte : partie supérieure de la coupole.
Coupole : voûte de plan circulaire dont l'intrados est tracé par la rotation d'un arc générateur sur un arc vertical.
La croisée d'ogive est entourée par d'autres arcs : deux arcs doubleaux transversaux et deux arcs formerets.
Pendentif : trompe dont l'intrados est un triangle sphérique concave.
Tambour : mur circulaire, ovale ou polygonal placé sous une coupole.
Trompe : petite voûte formant support sous un ouvrage ou sous un pan de mur en surplomb.
Voûte d'arête : voûte formée par l'interpénétration de deux berceaux de la même hauteur dont les lignes de faîte restent entières.
Voûte en arc de cloître : constituée de 4 voûtains sur plan carré ou rectangulaire et de même hauteur dont les rencontres forment des arêtes rentrantes.
Voûte en berceau : voûte dont l'intrados est engendré par la translation d'un arc suivant un axe. Elle présente au moins 4 voussoirs en profondeur.
Voûte en cul-de-four : voûte dont le plan est un segment de cercle et l'intrados une concavité de révolution.
Voûte d'ogive : voûte construite sur le plan d'une voûte d'arêtes, mais sans arêtes, la rencontre des quartiers étant formée par des branches d'ogives.

DU XVe AU XVIIIe SIÈCLE

Renaissance

De 1453 (prise de Constantinople) à 1517 (thèses de Martin Luther)

L'influence de l'Antiquité est manifeste même si le Moyen Âge – contrairement aux idées reçues – n'avait pas perdu cette filiation. En 1453, l'Empire de Byzance s'effondre et la circulation des idées s'intensifie. L'épanouissement dans les villes-États italiennes offre un formidable terreau au développement de l'esprit de la Renaissance.

À l'époque correspond la recherche d'un idéal fondé sur le culte du beau. Dès lors, l'homme devient la mesure de toute chose. La découverte de la perspective est au cœur des recherches des artistes qui se consacrent aussi à l'étude de l'anatomie. La représentation du nu et la naissance du portrait témoignent des mêmes préoccupations centrées sur l'humain. L'artiste abandonne son statut anonyme.

Architecture. Les architectes se consacrent à l'étude des anciens monuments. Il faut néanmoins parler d'inspiration et non de copie servile de l'Antiquité.

Conformément aux recherches de Brunelleschi, l'édifice s'articule autour d'un module unique. La ville de Florence joue un rôle essentiel dans le développement de la nouvelle architecture. Au fur et à mesure les accents décoratifs s'imposent dans une architecture qui reste fidèle à son parti pris de plan centré.

Sculpture. La recherche du naturalisme est omniprésente.

L'intérêt pour l'homme s'impose en même temps que la valeur monumentale de la sculpture. L'individualisme s'affirme et le dynamisme s'empare des figures. La notion de vérité psychologique devient essentielle pour les artistes. Parmi les emprunts à l'Antiquité, citons les statues équestres et les bas-reliefs.

Peinture. La recherche de la perspective devient essentielle. Les évolutions techniques (solvants à l'huile) permettent de nouveaux développements. Les peintres se livrent à ses recherches sur les effets de couleur et de matières. Le recours au sfumato incarne bien ces préoccupations esthétiques. Le début du XVIe siècle est marqué par des figures essentielles de l'histoire de l'art européen comme Léonard de Vinci ou Raphaël. L'idéal humaniste de la Renaissance s'incarne dans la rencontre de l'art et de la science. Cette période incarne la maturité de la Renaissance.

Artistes :

Filippo Brunelleschi, Leon Battista Alberti, Léonard de Vinci, Raphaël, Donatello, Jean Goujon, Piero della Francesca.

Œuvres :

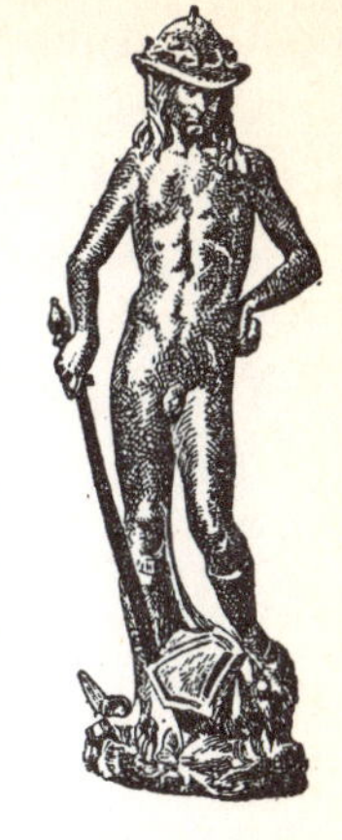

STATUE EN BRONZE DE DAVID PAR DONATELLO. VERS 1433.

– ***Le David*** de Donatello (vers 1433) : son expressionnisme pathétique qui évoque encore l'art gothique s'accompagne de la recherche propre à l'art de la Renaissance.

– ***Le Tempietto*** de Bramante (1502) : le petit temple du couvent de San Pietro in Montorio à Rome illustre l'architecture Renaissance du XVIe siècle.

– ***La coupole de Saint-Pierre de Rome*** de Michel-Ange : artiste complet, Michel-Ange est à la fois un des plus grands sculpteurs de son temps et un architecte de génie. Sa coupole s'inspire de celle de la cathédrale de Florence due à Brunelleschi.

Maniérisme

1520 - fin du XVIe siècle

Le maniérisme se caractérise par une grande recherche de la personnalité. Le goût de la déformation, de l'excès, de l'inquiétude s'accompagne d'une véritable obsession du mouvement. On parle de « belle manière » mais cette période de l'histoire de l'art n'est pas pour autant une décadence de la Renaissance. Le maniérisme est indissociable des expériences individuelles d'artistes possédant leur propre originalité. En ce sens, il s'agit d'un mouvement d'une grande modernité.

Architecture. Les règles de la Renaissance sont respectées, mais de nombreux accents déterminent les architectures de l'époque. C'est notamment le cas des ornementations qui s'imposent comme pour le palais Pitti à Florence. À l'inverse, un architecte comme Palladio privilégie une sobriété qui préfigure le classicisme.

Peinture. Un même mouvement antagoniste apparaît dans l'art pictural. Certains artistes privilégient les excès de raffinement ou l'exaltation des scènes pendant que d'autres aspirent à la simplicité. Les pays du nord privilégient les scènes de genre et les paysages comme dans l'œuvre de Pieter Bruegel.

Artistes :

Bronzino, Michel-Ange, le Parmesan, le Corrège.

Œuvre :

– *L'Enlèvement d'une Sabine* de Jean de Bologne (vers 1594) : le sculpteur apparaît comme le plus grand artiste maniériste de Florence.

Baroque et classicisme
1563-1760

• *Baroque*

Le terme baroque naît du mot portugais « barroco » qui désigne des perles orientales de formes irrégulières. Un sens nouveau du théâtre et de la fête se développe à l'époque. La volonté de persuasion passe désormais par la séduction des sens. Nous assistons à la création d'un espace réel et imaginaire continu. L'art privilégie une accentuation des volumes et donne une impression d'avancée et de recul à travers des effets dynamiques.

La prolifération des formes et des lignes obliques accompagne l'exubérance des courbes et des contre-courbes. Autre nouveauté, la liberté accordée à la sensibilité et à la fantaisie dans l'art.

Il est préférable de parler de styles baroques et non d'un baroque. L'équilibre entre la raison et l'émotion sous-tend toute la démarche du baroque et du classicisme.

• *Classicisme*

Le classicisme privilégie la recherche du grandiose. C'est un art brillant et ostentatoire qui s'adresse à la raison.

L'espace se fragmente tandis que l'on assiste à une simplification et à une affirmation de l'unité des volumes. Les effets statiques sont assurés par une prédominance des lignes horizontales. Le classicisme constitue une réponse française à l'affirmation de la monarchie absolue au XVII*e* *siècle.*

Architecture. La Contre-Réforme impose de nouvelles solutions formelles, notamment dans le plan des églises. Le chœur doit désormais être plus accessible, plus visible par les fidèles (aspect scénographique). La nef principale gagne dès lors en dimension. Certains effets se font théâtraux, par exemple au niveau des escaliers. Les colonnes torses sont également typiques des goûts ornementaux de l'époque.

Un dialogue fécond s'établit entre les surfaces concaves et les surfaces convexes. Dans les villes, de nouvelles places sont dessinées. Elles se couvrent d'obélisques, de fontaines et de façades ondulantes.

Rome joue un rôle crucial dans le développement du baroque. Parmi les artistes les plus remarquables de son temps, le Bernin marque profondément la cité papale de son empreinte. Borromini pousse encore plus loin les effets de tension dynamiques qui caractérisent le baroque. L'esprit baroque s'impose aussi dans la péninsule Ibérique.

Le classicisme s'inspire des recherches du baroque mais impose rapidement ses propres règles. À la dynamique italienne répond l'austérité française. La rigueur architecturale de Le Vau épouse la manière géométrique des jardins de Le Nôtre.

Peinture. Le Caravage impose sa révolution. Les épisodes religieux sont désormais racontés comme des événements contemporains vécus par des gens du peuple avec un grand réalisme. L'éclairage brutal provoque l'effet du clair-obscur. Le goût du drame s'impose en même temps que le réalisme populaire. L'art se distingue aussi par sa gravité et sa majesté. Le goût pour l'illusion et le trompe-l'œil est omniprésent. Dans les pays du nord, le baroque rencontre des préoccupations plus bourgeoises liées à l'essor du commerce. Un peintre emblématique de cette période est Pierre Paul Rubens.

Les peintres français s'intéressent aussi aux effets de la lumière. Le clair-obscur de Georges de La Tour a souvent recours à l'utilisation d'une chandelle. Le portrait officiel (Hyacinthe Rigaud) constitue la véritable originalité du classicisme français.

Sculpture. Les artistes favorisent les effets de tension et le caractère voluptueux des sujets. Des artistes comme le Bernin cherchent à rendre l'extase à travers leur travail sur le marbre.

La sculpture classique à la française privilégie les valeurs d'harmonie qui préfigurent l'émergence du néo-classicisme. Antoine Coysevox reflète cette volonté.

Artistes :

François Mansart, le Bernin, Borromini, le Caravage, François Girardon, Andrea Pozzo, Georges de La Tour, Johannes Vermeer, Rembrandt Harmensz von Van Rijn.

Œuvres :

– ***Le château de Versailles*** : œuvre manifeste du classicisme, l'architecture incarne la volonté de monarchie absolue développée par Louis XIV.

– ***L'Extase de sainte Thérèse*** du Bernin (1647-1652) : le contraste de l'ombre et de la lumière, la richesse des matériaux et des effets, les effets dramatiques incarnent la veine baroque.

– ***L'église du Gesù à Rome*** (1568-1584) : symbole de l'esprit de la Contre-Réforme, elle se distingue notamment par sa large nef centrale.

Rococo
XVIIIe siècle

Le terme rococo évoque les rocailles et les concrétions calcaires. Le style véhicule un goût affirmé pour l'intimité et même pour l'intimité galante. L'élégance est privilégiée en même temps que l'idée de joie et de bonheur. Le style se fait léger et raffiné, loin de la théâtralité propre au baroque. Le rococo s'impose en France où les artistes et leurs clients sont fatigués de l'austérité du classicisme. Les arts décoratifs sont principalement marqués par le souffle rococo.

Architecture. L'Allemagne constitue le terreau privilégié du développement du style, notamment dans l'architecture. En France, l'architecture rococo se contente de marquer les intérieurs de son empreinte. Par l'intermédiaire des Portugais, le rococo connaît aussi une grande faveur au Brésil.

Sculpture. Grâce, douceur et coquetterie caractérisent la sculpture rococo. Certains artistes préfigurent cependant dès cette époque le néo-classicisme.

Peinture. Le thème des fêtes galantes est particulièrement prisé. La joie de vivre représentée par Jean Honoré Fragonard semble parfois factice et s'oppose à une époque-charnière entre deux mondes. Un peintre comme Antoine Watteau compose une œuvre marquée par le mystère et la délicatesse.

Artistes :

Jean Honoré Fragonard, Jean-Baptiste Pigalle, Giambattista Tiepolo, Antoine Watteau, Thomas Gainsborough.

Œuvre :

– *Le Pierrot* de Watteau (vers 1720) : rêverie et mystère caractérisent l'œuvre du peintre qui laisse percer l'inquiétude de l'époque.

XIXe SIÈCLE

Néo-classicisme
Seconde moitié du XVIIIe siècle - 1830

Après le rococo et sa sensualité exacerbée, le néo-classicisme exalte la grandeur et la force. Dès lors, la beauté rencontre la vertu. Les artistes puisent leur inspiration dans l'Antiquité qu'ils réinterprètent selon leurs canons. L'archéologie connaît un engouement sans précédent. Des valeurs telles que l'héroïsme, la raison sont célébrées à travers des sujets moraux.

Une certaine austérité – non exempte de froideur – est au cœur des canons néo-classiques.

Architecture. Le retour à l'Antiquité s'impose à travers de nombreuses commandes publiques. Les façades rythmées par les colonnes sont imposantes par leur taille et leur austérité. Les architectes réinterprètent les modèles grecs et romains. Les fouilles à Pompéi ont une grande influence sur les artistes.

Sculpture. C'est peut-être dans la sculpture que s'incarne le mieux la volonté néo-classique. Elle se caractérise à la fois par la froideur et une volonté de perfection technique (le beau absolu). Il serait faux de limiter le style à son austérité, le rendu des nus n'est par exemple pas exempt de sensualité.

Peinture. Le rejet des scènes galantes et futiles du XVIIIe siècle est manifeste. La peinture se veut désormais sobre, éloquente mais aussi exemplative. L'art moral et didactique a recours aux scènes antiques pour illustrer des valeurs éternelles. Jacques Louis David fait figure de précurseur et de professeur dans cette nouvelle approche de l'art pictural. La palette chromatique est volontairement limitée, elle participe de la volonté de précision et de grandeur des figures représentées.

On parle aussi de style pompier qui accompagne un déploiement de faste jugé excessif.

Arts décoratifs. Les objets de l'époque s'inspirent des fouilles archéologiques. Les lignes droites prédominent tandis que le caractère ornemental naît de la répétition des motifs.

Artistes :

Léo von Klenze, Jacques Louis David, Jean Auguste Dominique Ingres, Bertel Thorvaldsen, Karl Friedrich Schinkel, Jean Léon Gérôme, Antoine Gros.

Œuvres :

– *Le Serment des Horaces* de David (1784) : le thème est hérité de la mythologie, la composition est très construite pour faire converger les regards vers le centre de l'œuvre.

– *Le vieux musée de Berlin* de Karl Friedrich Schinkel (1824-1828) : la façade impose son austérité, rythmée par les colonnes dans un esprit antique clairement revendiqué.

Romantisme

XVIIIe siècle : apogée en 1824, fin vers 1850

Le romantisme se caractérise par la prédominance de la sensibilité et de l'imagination sur la raison. La passion et l'intuition guident la démarche artistique. La vérité du particulier prime sur l'aspect collectif. Tous les sujets contemporains peuvent être traités mais également les scènes historiques. La sensibilité tourmentée s'accompagne d'une ampleur lyrique. Après l'école néo-classique, le trait est rejeté au profit du pictural.

Architecture. L'accent est porté sur l'histoire. Les références au Moyen Âge se multiplient. La restauration est en vogue et n'hésite pas à aller jusqu'à la reconstruction. Le Français Viollet-le-Duc est un des représentants les plus reconnus de ce courant.

Peinture. Les précurseurs germaniques du romantisme comme Caspar David Friedrich entraînent une réaction française. L'exaltation du moi est un trait essentiel du romantisme. L'art se fait autonome et unique. Il ne nourrit plus de visée morale. Le romantisme se distingue par une volonté d'homogénéité de l'œuvre, contrairement au néo-classicisme qui favorisait des scènes indépendantes. La couleur devient expression à part entière tandis que l'image de l'homme se fait solitaire et tragique.

Artistes :

Eugène Delacroix, Théodore Géricault, William Turner, Edward Burne-Jones, Francisco de Goya, Johann Heinrich Füssli.

Œuvres :

– *La Liberté guidant le peuple* d'Eugène Delacroix (1830) : ce tableau, qui illustre la révolution de 1830, fait coïncider l'histoire et la scène anecdotique.

– *L'Opéra de Paris* de Charles Garnier (1862-1875) : œuvre manifeste du second Empire et témoin de l'éclectisme en vogue.

– *Le Parlement de Londres* (à partir de 1839) : l'influence néo-gothique de son créateur sir Charles Barry est manifeste.

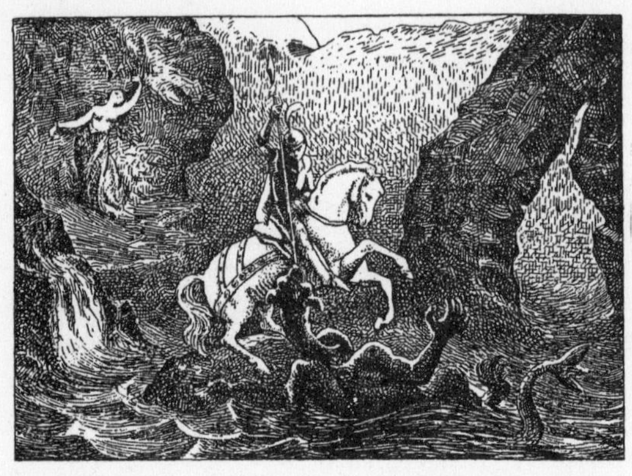

Roger délivrant Angélique d'Eugène Delacroix

Réalisme
1850-fin du XIXe siècle

Le réalisme se place sous le signe de la réalité immédiate. Dès lors, les artistes partent du postulat que le vrai correspond au beau. La vie laborieuse devient un sujet de prédilection. L'apparition de la photographie n'est pas sans conséquence sur le travail des peintres. En même temps, la science et le positivisme influen-

cent le monde artistique. Le réalisme démocratique possède également une portée politique. Cette fascination pour le réel passe aussi par le témoignage social.

Peinture. Pour la première fois, le format de la peinture d'histoire est utilisé pour les scènes de la vie quotidienne.

L'exposition du *Déjeuner sur l'herbe* de Manet provoque un terrible scandale. La fascination pour le réel constitue une marque de modernité pour les artistes. Gustave Courbet, Honoré Daumier (pour ses caricatures) ou François Millet puisent leur inspiration dans la vie de leur époque. À la même époque se développe la peinture de paysage avec l'école de Barbizon et des artistes comme Jean-Baptiste Camille Corot.

Sculpture. Cette forme d'art ne rompt pas toutes ses attaches avec le romantisme. Progressivement, l'originalité de la sculpture réaliste s'affirme avec des artistes comme Auguste Rodin ou Antoine Bourdelle. La matière perd son caractère lisse pour accuser des traits, des trous et des empâtements.

Artistes :

Auguste Rodin, Antoine Bourdelle, Édouard Manet, Edgar Degas, Gustave Courbet, Jean-François Millet, Honoré Daumier.

Œuvres :

– ***Un enterrement à Ornans*** de Gustave Courbet (1850) : la scène quotidienne bénéficie du format jusque-là réservé à la peinture d'histoire.

– ***Le Déjeuner sur l'herbe*** d'Edouard Manet (1862) : le scandale provoqué par la nudité de la figure féminine est retentissant.

– *Le Penseur* d'Auguste Rodin (1904) : La figure prend possession de l'espace tandis que le sculpteur prend désormais autant en compte les pleins que les vides.

Impressionnisme
Fin XIXe siècle

Le courant impressionniste naît de la rencontre de peintres à Paris vers 1860. C'est le critique Louis Leroy qui invente par dérision le terme impressionniste lors de l'exposition des peintres en 1874 dans l'atelier du peintre Nadar (d'après le titre du tableau de Monet Impression, soleil levant*).*

Peinture. Le style impressionniste repose sur une vérité optique. Pour mieux appréhender ces sensations, les peintres brisent le carcan du travail en atelier et plantent aussi leur chevalet en plein air. Dès lors, la liberté de l'émotion naît de l'observation de la nature. À ce titre, l'influence d'un artiste comme Turner est manifeste.

L'attrait pour le fugace s'accompagne de l'intérêt pour la lumière qui devient le véritable sujet du tableau et offre une palette de variations infinies. Par conséquent, le sujet se fait évanescent et impalpable. L'influence des estampes japonaises est très nette. Le nu féminin constitue un sujet de prédilection qui exalte la sensualité.

Artistes :

Claude Monet, Pierre Auguste Renoir, Alfred Sisley, Camille Pissarro.

Œuvres :

– ***Impression, soleil levant*** de Claude Monet (1872) : c'est l'œuvre qui va donner son nom au groupe d'artistes.

– ***Les « Nymphéas »*** de Claude Monet (1897-1926) : les impressionnistes peignent de multiples variantes d'un sujet, allant jusqu'à étudier l'incidence de la lumière sur la matière.

Néo-impressionnisme
Fin XIXe siècle

Le néo-impressionnisme s'inscrit dans le prolongement de l'impressionnisme. Le divisionnisme se fait démarche scientifique rigoureuse et va jusqu'au pointillisme.

Peinture. La sensation spontanée fait place à une démarche intellectuelle qui s'attache à rendre le mélange optique des couleurs. Dès lors, l'art rencontre la science et développe une approche quasi mathématique de la technique picturale.

Artistes :

Georges Seurat, Paul Signac.

Œuvre :

– ***Un dimanche à la Grande Jatte*** de Georges Seurat (1884-1886) : par son thème et sa composition, l'œuvre rappelle l'impressionnisme. Le traitement diffère par son aspect intellectuel.

En marge des courants établis et reconnus, l'art du XIXᵉ siècle est marqué par des personnalités fortes, des « inclassables » qui échappent aux définitions mais marquent de leur empreinte l'histoire de la peinture. Parmi eux :

Vincent Van Gogh (1853-1890), venu des Pays-Bas, il s'établit en France et s'inscrit dans la mouvance impressionniste avant de développer une création personnelle qui annonce l'expressionnisme.
Paul Gauguin (1848-1903), il expose chez les impressionnistes mais se distingue par sa technique du cloisonnisme. Une fois installé à Tahiti, il se fait le peintre des peuples primitifs à travers des œuvres tout en sensualité et en douceur exotique (école de Pont-Aven et cloisonnisme).
Paul Cézanne (1839-1906) intègre les données impressionnistes et construit son œuvre à partir des formes, une manière de concevoir l'art qui va influencer durablement la création du XXᵉ siècle.
Henri de Toulouse-Lautrec (1864-1901) : échappant à toute classification en groupe, il développe un style incisif et volontairement trivial en prise avec le monde de la nuit et des plaisirs.
Edvard Munch (1863-1944) : peintre et graveur norvégien, il annonce l'expressionnisme par l'exploitation de ses thèmes de prédilection que sont l'angoisse et la solitude.

Groupe des nabis

Proches de l'école de Pont-Aven, les nabis définissent le tableau comme une « surface plane recouverte de couleurs en un certain ordre assemblées ». Deux figures essentielles dominent le groupe : Pierre Bonnard (1867-1947) et Édouard Vuillard (1868-1940).

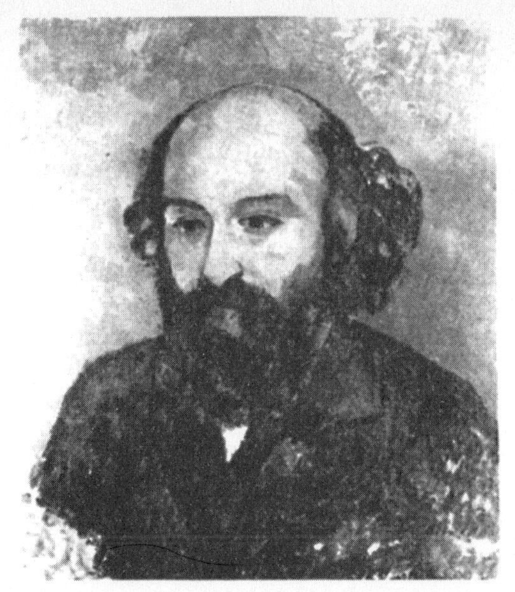

Autoportrait de Cézanne. 1880-1881.

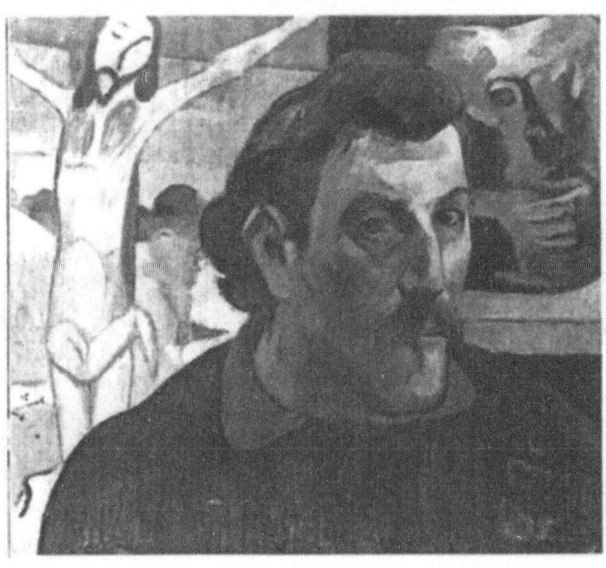

Autoportrait au Christ jaune de Gauguin. Vers 1890.

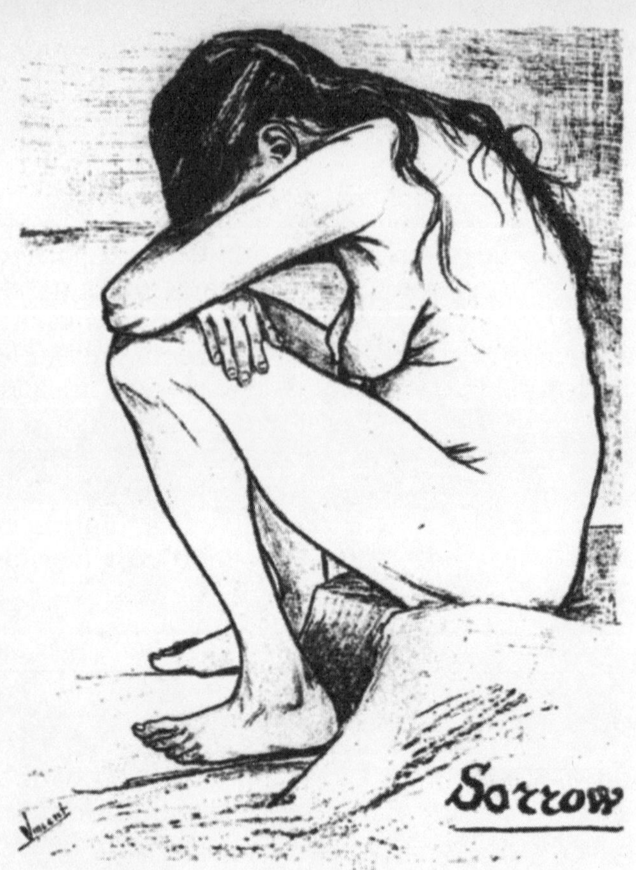

SORROW DE VINCENT VAN GOGH. 1882.

Symbolisme
Fin XIXe - début XXe siècle

Le symbolisme est un art d'évanescence né en France vers 1880. Le mouvement rejette le scientisme et le positivisme. Son ancrage littéraire est fort mais il touche aussi des domaines comme la musique, la peinture ou la sculpture. Le symbolisme privilégie les scènes mythologiques et recourt à l'utilisation de l'or pour exprimer le mystère et le mysticisme. L'onirisme est à la base d'un art qui explore le « moi ».

Peinture. La peinture symboliste propose la transcription formelle d'un courant littéraire et intellectuel. Les artistes explorent de nouvelles voies comme le rêve, l'imaginaire, la magie ou la mort. Si des peintres comme Johann Heinrich Füssli ou Francisco de Goya font figure de précurseurs, Pierre Puvis de Chavannes ou Gustave Moreau incarnent bien le symbolisme pictural dans la plénitude de ses moyens.

Sculpture. L'influence d'Auguste Rodin sur la sculpture symboliste est grande. Les figures sont tendues ou rêveuses, dans le souci d'exprimer la foi qui les habite.

Les préraphaélites

Considérés comme les précurseurs des symbolistes, les peintres préraphaélites ambitionnent de revenir à la première Renaissance italienne. Le style est minutieux et les couleurs se font plus éclatantes. (Edward Burne-Jones)

Artistes :

Gustave Moreau, Pierre Puvis de Chavannes, Ferdinand Khnopff.

Œuvre :

– ***Les Caresses*** de Fernand Khnopff (1896) : l'artiste belge explore les voies de la mélancolie. La précision picturale y rencontre le trouble de la rêverie.

Fauvisme
Fin XIXe - début XXe siècle

C'est le critique d'art Louis Vauxcelles qui compare leurs travaux à ceux de bêtes sauvages (fauves). Dès lors, le terme de fauvisme s'impose pour désigner leur style. Les artistes refusent l'imitation servile de la réalité, ils privilégient le processus de création et l'expression de leurs sentiments. À l'origine, le groupe dirigé par Matisse est baptisé « les Indépendants ».

Peinture. L'artiste favorise une simplification des moyens et abandonne la perspective illusionniste. Il emploie des couleurs fortes et pures. L'expression du moi est au cœur de sa démarche. Par rapport à l'aspect sombre de l'expressionnisme allemand, le fauvisme exprime souvent la joie et la volupté à travers sa chaude palette chromatique.

Artistes :

Raoul Dufy, Maurice de Vlaminck, Rik Wouters, Henri Matisse, André Derain.

Œuvre :

– ***Luxe, calme et volupté*** d'Henri Matisse (1905) : la couleur s'impose dans tout son éclat et domine l'œuvre

Expressionnisme
Fin XIXe siècle

Les revues jouent un rôle essentiel dans l'émergence du nouveau style. C'est en 1911, dans la revue Der Sturm, *que naît le mot expressionnisme inventé par Herwarth Walden. Pour ces artistes, l'expression du moi passe par la révélation des émotions personnelles. L'influence du style sur le cinéma est déterminante.*

Peinture. Parmi les précurseurs du style, citons Vincent Van Gogh, Edvard Munch ou James Ensor. Les figures représentées sont soumises à des déformations formelles qui expriment leurs émotions. La couleur s'impose pour sa force évocatrice alors que le trait bascule parfois dans la caricature. L'expression du mal-être personnel rencontre les angoisses d'une époque.

Artistes :

Karl Schmidt-Rottluff, Egon Schiele, Oskar Kokoschka, Ernst Ludwig Kirchner, Maurice de Vlaminck.

Œuvre :

– *Les autoportraits* d'Egon Schiele : l'artiste autrichien développe un style ascétique et abrupt où il se met à nu.

Art nouveau
Autour de 1900

La fin du XIXe siècle s'accompagne d'une réaction contre le rationalisme. La courbe et la contre-courbe s'imposent en rappelant les formes des végétaux. Selon les pays, le style de l'époque porte des noms différents : Art nouveau en France et en Belgique, Sezessionstil en Autriche, Modern Style en Grande-Bretagne, style Liberty en Italie et Modernisto en Espagne.

Architecture. Le plan de la maison se développe selon un schéma organique et fonctionnel. Le fer s'impose en épousant la pierre, le bois ou la brique. Partout règne la courbe qui confère à l'architecture un modèle exubérant et dynamique.

Artistes :

Victor Horta, Louis Majorelle, Alfons Mucha, Émile Gallé, Otto Wagner, Gustav Klimt.

Œuvres :

– ***La Maison Horta*** de Victor Horta (1898-1900) : le plan classique est rejeté au profit d'une structure organique et plus fonctionnelle
– ***Le Pavillon de la Sécession*** de Joseph Maria Olbrich (1898) : le parti pris quadrangulaire fait rencontrer les préoccupations fonctionnelles et ornementales.

XXe SIÈCLE

Déjà amorcé au siècle précédent, le XXe siècle précipite l'éclatement des genres et des styles. Désir de liberté, rejet des groupes et des étiquettes, affirmation de l'individualisme, puissance de la commercialisation... l'art se confronte à ses contradictions et épouse une nouvelle dynamique.

Dans ce chapitre, nous ne prétendons bien sûr pas à l'exhaustivité. Nous citons les principaux mouvements qui ont marqué l'art au cours du siècle.

Cubisme
Début XXe siècle

Cubisme analytique. Il se développe à partir de 1908 sous l'impulsion de Georges Braque et de Pablo Picasso.

Peinture. Le cubisme s'inspire des préceptes de Paul Cézanne qui voyait dans la nature un assemblage de formes. Dès lors, les artistes cubistes s'attachent à rendre le point de vue en trois dimensions. La figure se fragmente simultanément jusqu'à devenir une nouvelle création, une « re-création » reposant sur une démarche intellectuelle de l'artiste.

Cubisme synthétique. Le nouveau courant s'épanouit peu avant la Première Guerre mondiale.

Les artistes brisent les carcans entre les différentes disciplines. Le collage intègre des éléments de la réalité quotidienne. La matérialité de l'œuvre devient essentielle.

Artistes :

Pablo Picasso, Georges Braque, Juan Gris.

Œuvre :

– *Les Demoiselles d'Avignon* de Pablo Picasso (1907) : Picasso présente cinq femmes dans des poses et des perspectives diverses.

Futurisme
Manifeste publié en 1909

« Nous déclarons que la splendeur du monde s'est enrichie d'une beauté nouvelle : la beauté de la vitesse. Une automobile de course avec son coffre orné de gros tuyaux tels des serpents à l'haleine explosive est plus belle que la victoire de Samothrace. »

Cette déclaration provocatrice de l'écrivain Filippo Tommaso Marinetti (1909) fait office de manifeste de ce courant.

Les artistes se présentent tournés vers l'avenir. Ils exaltent leurs âmes de révolutionnaires et certains développent des slogans nationalistes qui annoncent leur rapprochement avec le fascisme.

Peinture. Les peintres recourent au divisionnisme et aux couleurs fauves. Ils ont intégré les recherches liées à la fragmentation cubiste. Parmi leurs thèmes de prédilection, la ville apparaît comme une préoccupation centrale. L'ambition des artistes est de développer une peinture complète du mouvement qui pourrait s'adresser à tous les sens.

Artistes :

Giacomo Balla, Umberto Boccioni, Gino Severini, Carlo Carra.

Œuvre :

– *Forme unique de continuité dans l'espace* de Umberto Boccioni (1913) : en peinture ou en sculpture, l'artiste futuriste cherche à représenter le mouvement.

Art abstrait
Début XXe siècle

L'art abstrait ne cherche pas à rendre une reproduction réaliste d'un modèle. Il se suffit à lui-même en évitant de tomber dans la seule préoccupation décorative. L'art se libère des objets extérieurs et ambitionne de rendre l'essence et l'esprit de la création. Les artistes abstraits ont la volonté d'expliquer ou de théoriser leur démarche. C'est notamment le cas de Wassily Kandinsky.

Artistes :

Wassily Kandinsky, Hans Arp.

Œuvre :

– *Contraste accompagné* de Kandinsky : l'artiste rejette la reproduction du modèle et trouve dans la forme sa vérité intrinsèque.

Abstraction géométrique
Début XXe siècle

Qu'il s'agisse de volonté révolutionnaire pour les constructivistes russes ou de sobriété géométrique pour les tenants de la revue néerlandaise De Stijl, *l'abstraction géométrique se distingue par son approche rationnelle.*

Peinture. Kazimir Malevitch peint en 1913 *Carré noir sur fond blanc*. Les artistes russes qualifiés de constructivistes accompagnent la révolution soviétique. L'art vise la sensation et rejette la représentation. L'émergence du réalisme socialiste marque la fin de cette conjonction de vues entre les artistes et les révolutionnaires.

Aux Pays-Bas, Theo Van Doesburg et Piet Mondrian créent le groupe De Stijl. Cette fois, leur révolution n'est que formelle. Les artistes aspirent à l'universalité à travers des créations obéissant à des règles géométriques strictes.

Artistes :

Kazimir Malevitch, Theo Van Doesburg, Piet Mondrian.

Œuvre :

– ***Composition 1*** de Piet Mondrian (1930) : l'équilibre des couleurs et des non-couleurs est à la base des recherches de l'artiste.

Art déco
Années 1920

Aussi appelées les Années folles, les années vingt constituent une époque méconnue. C'est surtout un âge d'or des arts décoratifs et de l'architecture. Le style peut quelquefois apparaître confus mais il véhicule des lignes-forces : exotisme, féminité, opposition des courbes et des lignes droites ou encore recherche de l'élégance. L'architecture des loisirs est marquée par le style Art déco. C'est notamment le cas des cinémas, théâtres ou salles de concert.

Artistes :

Cassandre.

Œuvre :

– ***Le Chrysler Building à New York*** de William Van Alen (1930) : fonctionnalisme, prouesse technique et ornementation caractérisent l'architecture Art déco.

Bauhaus
Mouvement fondé en 1919

Walter Gropius est à l'origine du Bauhaus qui ambitionne de « rétablir l'harmonie entre les différentes formes d'art ». L'école du design entend abattre les cloisons qui séparent l'art de l'artisanat. Dès lors, cette ambition se retrouvera dans l'architecture, la peinture, le théâtre, la mode ou la typographie. Les nazis mettront un terme à l'expérience de l'école du Bauhaus en 1933.

Artistes :

Walter Gropius, Georg Muche.

Œuvre :

– ***Fauteuil rouge et bleu*** de Gerrit Thomas Rietveld (1918) : la couleur s'impose autant que la forme dans une création qui intègre les exigences du design et l'ambition artistique.

Surréalisme
Années 1920

Au sortir de la Première Guerre mondiale, la foi en la raison chancelle. Un jeune siècle qui a engendré de telles horreurs ouvre la porte à de nouvelles recherches. Comme la psychiatrie, l'art surréaliste s'intéresse à la dimension du rêve et des sentiments refoulés. Il s'inspire en cela directement des recherches de la peinture métaphysique explorée par des artistes tel Giorgio

De Chirico. Le terme « surréalisme » est inventé par Guillaume Apollinaire. En 1924 est rédigé un premier manifeste qui est suivi d'un deuxième en 1929.

Le but poursuivi est de « pénétrer l'ensemble du domaine psychophysique dont la sphère de conscience ne constitue qu'une partie réduite » (André Breton).

Peinture. Les techniques utilisées par les peintres sont diverses. Certains ont recours aux techniques aléatoires comme le frottage ou le grattage, d'autres développent une rythmique onirique (Miró) ou encore composent une œuvre qui repose sur une technique picturale académique (Dalí, Magritte ou Delvaux). Le parti pris de la distance et la mise en scène des métamorphoses véhiculent aussi de nombreux symboles comme les montres molles de Dalí ou les chapeaux boules de Delvaux.

Artistes :

René Magritte, André Delvaux, Salvador Dalí, Joan Miró, Yves Tanguy.

Œuvres :

– ***La trahison des images*** de René Magritte (1928-1929) : l'image de la pipe et son association avec la légende incongrue « *ceci n'est pas une pipe* » est un des emblèmes du surréalisme.

Dadaïsme
Début XXe siècle[1]

Le mouvement international constitue surtout une réponse à l'absurdité du monde. Il véhicule une volonté critique et recourt à une pauvreté des moyens. Les artistes posent la question de la nature et de la fonction de l'art. L'ironie fait souvent partie de la démarche de ces artistes qui apportent des réponses personnelles à une préoccupation commune.

Artistes :

Hans Arp, Marcel Duchamp, l'écrivain Tristan Tzara.

Œuvre :

Les Ready-mades de Marcel Duchamp (vers 1913) : une roue de bicyclette montée sur un tabouret révèle la dérision de l'artiste.

Pop Art
Seconde moitié du XXe siècle

Né en Angleterre, c'est aux États-Unis que le Pop Art entreprend de magnifier l'objet commun, emprunté au quotidien. Le simple objet (boîte de conserve) ou la figure médiatique (visage de Liz Taylor) est agrandi, répété en séries ou bénéficie d'une mise en couleur variée. Parmi les grandes figures du Pop Art, le Britannique David Hockney, l'Américain Andy Warhol

1. Dès 1913, Marcel Duchamp conçoit des objets qui vont recevoir le nom de *ready-mades*. Le premier groupe dadaïste est créé en 1916.

dont les séries ne sont pas dénuées d'humour, ou Roy Lichtenstein, qui fait entrer la bande dessinée dans le monde de la peinture.

Artistes :

David Hockney, Andy Warhol, Roy Lichtenstein.

Œuvres :

– ***Campbell's Soup*** de Andy Warhol (1962) : l'image médiatisée et colorée est répétée en série.

Nouveau réalisme
1960[1]

Il n'y a pas d'unité formelle dans le groupe qui rassemble des artistes tels Yves Klein, Jean Tinguely ou Arman. Leur volonté est de rendre le réel à travers leur perception personnelle.

Art cinétique
Naissance dans les années 1920[2]

Les possibilités de l'art cinétique sont variées. Parfois, c'est le simple souffle d'air qui suffit à mettre l'œuvre en mouvement (Alexander Calder) alors qu'à

---

1. Le manifeste du Nouveau réalisme est publié en 1960 par le critique d'art Pierre Restany.
2. Les créations de Naum Gabo (années 1920) sont à l'origine des créations des artistes qui vont populariser l'art en mouvement.

d'autres moments c'est le moteur qui le provoque (Jean Tinguely). Dans tous les cas de figure, les artistes rejettent l'idée que seule l'œuvre statique puisse être qualifiée d'art. Au contraire, ils estiment que le rythme saisi dans l'instant fait partie intégrante de l'œuvre d'art.

Artistes :

Alexander Calder, Jean Tinguely.

Œuvres :

– ***Les mobiles*** d'Alexander Calder : le mouvement introduit un ferment aléatoire dans l'œuvre.

Land Art
Seconde moitié du XXe siècle

L'artiste utilise le paysage comme matériau pour créer son œuvre. Dès lors, celle-ci est appelée à être éphémère. La photo constitue l'unique trace pérenne de l'œuvre.

Artistes :

Richard Long, Christo.

Œuvre :

– *Le Pont-Neuf* de Christo (1985) : l'artiste s'approprie un élément urbain (en l'occurrence le Pont-Neuf) et l'emballe.

Groupe Cobra

Formé en 1948 à Paris. Son nom rappelle les pays d'origine de ses fondateurs : **Co**penhague, **Br**uxelles et **A**msterdam.
Parmi les artistes, citons Karel Appel, Asger Jorn ou Pierre Alechinsky.
Dans leur œuvre prédominent l'humour et l'impulsivité. La figure s'efface pour ne plus être qu'un souvenir de formes.

Hyperréalisme
Seconde moitié du XXe siècle

L'hyperréalisme constitue la forme la plus extrême du réalisme. Les créations au réalisme photographique ne sont pas exemptes de volonté critique. C'est notamment le cas de la célèbre Supermarket Lady *de Duane Hanson.*

ANNEXES

Index des notions

Index des noms d'artistes

Bibliographie

Encyclopédie Art Déco, Pierre Cabane, 1986, Somogy.

Encyclopédie du Bauhaus, Lionel Richard, 1985, Somogy.

Encyclopédie de l'Expressionnisme, Lionel Richard, 1978, Somogy.

Encyclopédie de l'Impressionnisme, Maurice Sérullaz, 1974, Somogy.

Encyclopédie du Romantisme, Francis Claudon, 1980, Somogy.

Encyclopédie du Symbolisme, Jean Cassou, 1979, Somogy.

Histoire de l'Art, sous la direction de Jacek Debicki, Jean-François Favre, Dietrich Grünewald, Antonio Filipe Pimentel, 1995, Hachette Education.

Histoire de l'Art, sous la direction d'Albert Châtelet et de Bernard-Philippe Groslier, 2001, Larousse.

Histoire de l'Art, Xavier Barral I Altet, 2004, PUF.

Histoire de la Peinture Moderne, Herbert Read, 1985, Arted.

Les Grandes Dates de l'Histoire de l'Art, Jean Rudel et Françoise Leroy, 2003, PUF.

Vocabulaire d'Architecture de la Maison, Marc Crunelle, 1995, Atelier Crunch.

Vocabulaire décoratif et ornemental, Marc Crunelle, 1995, Atelier Crunch.

714

Composition PCA – 44400 Rezé
Achevé d'imprimer en France (Ligugé) par Aubin
en décembre 2007 pour le compte de E.J.L.
87, quai Panhard-et-Levassor, 75013 Paris
EAN 9782290347638
Dépôt légal décembre 2007
1er dépôt légal dans la collection : juin 2005
Diffusion France et étranger : Flammarion